# NAPOLÉON

## OU SERA LE TOMBEAU?

IMPRIMERIE DE H. FOURNIER ET COMPe, RUE DE SEINE, 14.

# NAPOLÉON

## OU SERA LE TOMBEAU?

PAR ÉDOUARD PÉCLET
AVOCAT

Et fuit. . . . . . . . . . .
Il fut. . . . . . . . . . .

Prix : 1 Franc.



PARIS
CHEZ DELAUNAY, LIBRAIRE
AU PALAIS-ROYAL

1840

25 *Mai*

Tu pus tomber, mais c'est comme la foudre
Qui se relève, et gronde au haut des airs.
(BÉRANGER.)

Napoléon domine l'histoire. — La postérité, si elle oubliait jamais son époque, n'y verrait qu'un de ces héros sortis de l'imagination du poëte. — Mais ce grand homme restera comme la plus belle réalisation du génie.

Né en Corse en 1769 (1), élève de l'école de

(1) Né le 15 août 1769. — Officier d'artillerie à Toulon, 1793; — 24 ans. — Commandant d'artillerie à l'armée

Brienne, officier d'artillerie au siége de Toulon, il arrache cette ville aux Anglais. — A vingt-cinq ans il commande en chef l'artillerie, et général à vingt-six il se précipite du haut des Alpes sur ces plaines de l'Italie qu'il couvrira de sa conquête. — Deux ans après il est aux Pyramides.

De général devenu consul, il gagne la bataille de Marengo, éclatant fait d'armes par lequel il inaugure le Siècle. Après avoir épuisé en courant tous les degrés du pouvoir, il pose sur son front la couronne impériale..... Et si le soldat s'est

d'Italie; 1794; — 25 ans. — Général en chef de l'armée d'Italie, 1796; — 26 ans. — Expédition d'Égypte, 1798; — 29 ans. — Premier consul, 1799; — 30 ans. — Bataille de Marengo; 1800; — 31 ans. — Empereur, 1804; — 35 ans. — Bataille de Waterloo, 18 juin 1815; 45 ans. — Mort le 5 mai 1821, à Sainte-Hélène; 52 ans. — Buonaparte gagne vingt-sept batailles, — Napoléon quarante-neuf.

arrêté à l'Empereur, c'est qu'au delà il n'y avait plus rien.....

Législateur et guerrier, l'Europe alors tremble devant lui. — César de cœur, sinon de race, et jaloux de se perpétuer, il fertilise sa couche du sang des Césars..... De cette union naîtra cet enfant, destiné, lui aussi, à s'éteindre loin de la patrie.....

Mais l'astre du conquérant, pâlissant en Espagne, ira s'abîmer sous les neiges de la Russie..... Glorieux fugitif, poursuivi à son tour, il est vaincu et prisonnier..... La France l'a revu bientôt, Empereur encore, porté sur le pavois, et l'enthousiasme de ses légions. Géant terrible, il lutte corps à corps avec l'Europe, autre géant hérissé de fer, et terrassé, tombe du trône pour mesurer de son colosse le rocher de Sainte-Hélène d'où il ne se relèvera plus.....

Complétant ainsi la gloire par le malheur et donnant au monde le triste spectacle de la grandeur et de la décadence des empires.....

Tel fut l'homme dont la cendre dormira parmi nous!!!!!.....

Un grand événement a fait battre tous les cœurs.

Les restes mortels de NAPOLÉON seront transportés à Paris.

Un fils de roi ira chercher un Empereur.....

Dans son rapport, le ministre de l'Intérieur a saisi la Chambre des députés et le pays avec elle de cette noble proposition (1).

(1) Voir le mémorable rapport fait à la chambre des députés, au sujet de la translation à Paris des restes mortels de Napoléon, par M. de Rémusat, ministre de l'Intérieur (*séance du* 12 *mai* 1840).

Trois fois prédestiné, trois fois M. Thiers aura attaché son nom à un souvenir immortel.....

Ministre, il rend l'Empereur à sa Colonne........

Historien, il en écrit l'histoire.

Et ministre encore il demande et obtient de l'exil la cendre de son héros.....

Ingénieuse manière de témoigner, qu'habile à écrire l'histoire, il sait la pratiquer aussi.....

Et de ce que vous avez fait, ministre du Roi, la France augure bien de ce que vous ferez encore...

Mais où sera le tombeau?.....

## OU SERA LE TOMBEAU?

Exegi monumentum ære perennius.

Il lui faut une tombe plus durable que l'airain.

A la nouvelle de l'heureux retour, toutes les poitrines s'émurent, des larmes tombèrent de tous les yeux, et pour chaque Français, l'exilé n'était plus qu'un père qui lui revenait.....

Et tous, dans leur sollicitude, lui cherchèrent un tombeau.....

Il fallait aux uns l'ARC DE TRIOMPHE, à d'autres

le PANTHÉON..... Beaucoup voulaient la COLONNE, et beaucoup la MADELEINE..... Le gouvernement, lui, choisissait les INVALIDES.....

Mais l'Arc de Triomphe ne se prête guère à la religion du trépas. A ces voûtes où la vanité se dispute la place d'un nom, au pied de ces bas-reliefs tout suants encore de l'animation des combats, au milieu de cette poussière profane, née des affaires et du plaisir, parmi ces joies incessantes qui passent et reviennent, il n'est rien d'assez imposant,..... rien d'assez solennel.....

Là, pas de solitude pour rêver, de temple pour prier, d'autel pour y pleurer.....

Là, rien du tombeau!.....

Ouvririez-vous la cité par le plus saint des morts?.....

Pour que là, sentinelle perdue, Napoléon devînt une troisième fois captif de l'étranger..... si l'étranger pouvait revenir.....

A ce trophée de redire nos immortelles batailles, et les noms de ceux qui les gagnèrent..... de montrer les drapeaux..... les canons conquis..... la France courant en torrent de feu..... sur les rois et les peuples abattus..... Qu'au besoin ces aigles se réveillent, que ces renommées éclatent, s'élançant à travers le monde, pour y rappeler ce que nous fûmes..... ce que nous pouvons être.....

Et que debout dans sa gloire, ainsi qu'à l'Égypte ses pyramides, ce monument soit à la France une pierre immortelle.....

N'est-ce pas assez?

Mais pourquoi ne pas demander la place d'un tombeau à ce Panthéon, qui se lève là bas dans son imposante majesté?..... Mais non,.... trop de souvenirs ont passé là..... C'est la dernière patrie des grands hommes....... Lui, est un DEMI-DIEU..... Et Ney debout, criant justice, n'y viendrait-il pas attrister son ombre..... qui regretterait alors sa Colonne?

## LA COLONNE.....

Spirale immense qui, appuyée à l'aigle impérial, va, de victoire en victoire, expirer au manteau d'Austerlitz.....

Géant d'airain, forgé des canons arrachés à l'ennemi, et qu'on décapita ne le pouvant abattre.....

Immortel trophée où l'appellent de toute la puissance de leurs vœux bien des Français et tous ses vieux soldats.....

Oui, enfants, cette Colonne est son œuvre et le

vôtre....; à ce double titre, votre volonté devrait être sacrée..... Mais avez-vous réfléchi? et serait-il prudent d'y céder?

Là, au milieu de la foule, ne saurait-on insulter à vos larmes?.....

C'est là, sur cette place, qu'on dégrada vos frères malheureux.....

A Napoléon, vivant encore sur sa Colonne, un tel spectacle fut possible..... Il savait que la discipline est le nerf des armées....; mais à Napoléon mort, ce souvenir serait trop cruel..... et ne s'effacerait jamais.....

Que l'idole repose sous la main de Dieu, dans un temple inviolable..... où l'on aille prier et pleurer en silence.....

Car l'Europe ne pardonnera pas.....

Dans un temple, la cendre de Napoléon serait peut-être respectée...... sous sa Colonne....... jamais.....

Là, voyez autour d'elle cette Europe furieuse s'agitant en efforts qui, hélas..... ne seraient plus impuissants.....

Le colosse tombe, la Colonne tombe, le sol s'ébranle, la tombe s'ouvre, la cendre vole..... Et tout a disparu.....

## LES INVALIDES.....

Cité sainte, qui domine d'un dôme étincelant les bruits et les rumeurs de la foule, venus y expirer comme les flots au rivage.

Terre hospitalière au courage malheureux.....

Retraite sacrée où reposent les morts sous l'égide des vivants, morts bientôt eux-mêmes..... champ de bataille après la bataille, où rien ne manque... ni les vainqueurs, ni les vaincus..... ni les canons couchés, ni les drapeaux mutilés et conquis, ni les blessés, ni les mourants..... ni la poussière..... ni les morts..... ni le silence.....

Là, Turenne et Vauban; et Villars et Condé, avec de braves soldats, d'illustres généraux....., gloire endormie de deux siècles.....

Quand Louis XIV ouvrit cet asile aux débris de ses armées, pensait-il que dans cette France où il régna, à ce trône où il trôna, s'asseoirait un soldat... qui fît et défît les rois.....

Que le soldat serait roi.....

Que le roi serait empereur.....

Empereur légitime..... par le destin, le génie, l'épée, le pays..... la religion.....

Que deux fois vaincu et proscrit, il irait mourir sur un rocher, sous les cieux et devant l'Océan.....

Que la France le rappelant enfin, voudrait, pour en honorer la mémoire, le forcer, lui, LE ROI...., venu embryon sous une couronne, lui, l'élu du droit divin...., à faire à un parvenu...., à un élu du peuple, et dans son palais..... toujours à lui, le roi..... les honneurs de la tombe.

Pour ensuite, SOLEIL DES SOLEILS (1), s'éclipser devant l'ombre de cet homme, en faveur duquel on lui avait imposé la sanglante loi de l'hospitalité?.....

Jamais.....

(1) Il n'est personne qui ne connaisse la fameuse devise de Louis XIV :

*Nec pluribus impar sol.....*
Soleil égal à plusieurs.....

MAIS SAINT-DENIS, cette noble sépulture des rois, elle qui ne voulait pas qu'on inquiétât le grand monarque, vous le demandait, si fière qu'elle aurait été de se recruter d'un pareil mort..... Et vous avez dit, ministre du roi : « *Il* « *fut empereur et roi, il fut le souverain légitime* « *de notre pays. — A ce titre il pourrait être en-* « *terré à Saint-Denis*..... MAIS IL NE FAUT PAS A NA- « POLÉON LA SÉPULTURE ORDINAIRE DES ROIS (1)..... »

(1) Il fut Empereur et Roi..... il fut le souverain légitime de notre pays..... à ce titre, il pourrait être enterré à Saint-Denis..... *mais il ne faut pas à Napoléon la sépulture ordinaire des rois; il faut qu'il règne et commande encore* dans l'enceinte où vont se reposer les soldats de la

Eh bien! de ce mot, de ce mot seul, jeté à la face du monde, vous lui avez, vous ministre du Roi, ministre de la France qui vous écoutait..... décrété l'unité du tombeau.

Car après les rois au-dessus desquels, quoiqu'y étant déjà, vous l'avez élevé par ce mot: « il ne faut pas à NAPOLÉON la sépulture ordi- « naire des rois, » qu'y a-t-il?..... DIEU..... En le plaçant au-dessus des rois, et ne le pouvant rendre l'égal de Dieu, vous l'avez laissé entre Dieu et les rois, le faisant participer à la fois de chacune de ces natures. — Ainsi posé entre ces deux régions si supérieures..... qu'est-il? Ou plutôt, entre Dieu et les rois..... qu'y a-t-il? rien?.....

patrie, et où iront toujours s'inspirer ceux qui seront appelés à la défendre..... (Rapport du ministre de l'intérieur, à la chambre des députés, à l'occasion de la translation à Paris, des mânes de Napoléon, *séance du* 12 *mai* 1840.)

sinon le néant, l'infini, l'éternité, l'immensité, l'espace, le vide, le vague, des atômes, moins un atôme, un mystère, une création, une formation, un corps, une exception, un génie, le génie, l'unité du génie. LUI.

**LUI.**

Qui, de votre aveu, ne pouvant aller chez des rois, saurait moins encore dormir avec des généraux et des soldats, quelque illustrés qu'ils fussent.

Parce que, dans toute religion politique, il y a trop loin du soldat au roi, du général à l'empereur.

Parce que dans la vie, comme dans la mort, il est de ces distances qu'on ne franchit jamais.

Parce que, généreux, il craint de couvrir de son ombre ceux qui y toucheraient.

Parce qu'enfin il veut que le mort soit enterré selon le vivant, selon **NAPOLEON**, et qu'il lui faut à lui..... ÊTRE UNIQUE, UNE TOMBE UNIQUE,

Qui, vierge de tout passé, le restât de tout avenir;

Qui, quand tout serait renversé, fût encore **DEBOUT!!!**.....

Ministre du roi (1),

Quand vous avez replacé Napoléon sur sa co-

(1) Il est inutile d'expliquer qu'on s'adresse ici à M. Thiers, qui, ministre, replaça la statue de l'Empereur sur la colonne, tandis qu'on s'adressait plus haut à M. de Rémusat, qui,

lonne, pressentant que vous ne vous arrêteriez pas là....., c'était pour qu'il marquât du doigt la place où il reposerait au milieu de *ses sujets..... de ses enfants.....*

Quand vous avez touché à l'histoire de l'Empereur, en tant que ministre, vous avez dû vouloir que chaque page en fût grande et belle.....

Quand vous avez brisé les fers au captif, c'était pour lui donner une demeure digne de lui.....

Achevez votre œuvre, ministre du roi.

Que si l'Angleterre eut Hudson Lowe pour l'injure, que la France vous ait, vous, pour la réparation.

en sa qualité de ministre de l'Intérieur, avait fait à la chambre le rapport concernant la translation des restes mortels de Napoléon. (*Note de l'auteur.*)

Ainsi, l'ARC-DE-TRIOMPHE et la COLONNE étaient autant de dangers à une relique sainte (1)..... Par son voisinage avec l'ombre de Ney, le PANTHÉON demeurait impossible.....

Quelques dignes, quelque illustrés qu'ils fussent, les INVALIDES ne l'étaient pas assez,..... et puis, quand une institution est noble..... respect au fondateur....., et Louis XIV n'a pu bâtir une TOMBE à celui qui, arrivé sur son trône *en succession directe* (2), n'avait rien, ne pouvait rien avoir à ses yeux du légitime héritier.....

(1) Le Luxembourg, dans lequel et près duquel le maréchal Ney fut jugé et mis à mort.

(2) Le mot succession doit s'entendre ici dans un sens chronologique et nullement légal.

A chacun le sien.

Il ne restait plus que la MADELEINE, ce temple magnifique surnommé le **TEMPLE DE LA GLOIRE**, qui pour justifier une inscription si vaste n'attend plus qu'un souvenir.....

Le souvenir.

**C'EST NAPOLEON**.

Là faites descendre sa grande ombre, avec sa dépouille immortelle..... Vers l'Orient, écrivez son nom pour que chaque aurore l'y salue..... De ces portes de bronze s'ouvrant à chaque face, que l'une redise le législateur, qui concourait à la formation du CODE CIVIL, ce monument si beau, réglementait les services publics, instituait l'ordre de la LÉGION-D'HONNEUR..... dont il était avare..... faisait en un mot tant de choses utiles et grandes.....

Quand à l'autre on irait saluer le chrétien relevant de l'épée du héros les autels abattus.....

Et là

Vous aurez un

**TOMBEAU!**

*Où il régnera et commandera encore* (1).

AUTEL SACRÉ de la PATRIE

Où à ce cri AUX ARMES!

Les citoyens s'élançant en cohortes pressées, iraient apprendre du martyr de la gloire..... à vaincre..... et à mourir.....

De là, englobant de son œil d'aigle cette grande capitale qu'il voulait faire plus grande, il retrouverait tous ces monuments nés à son souffle créateur, et terminés aux efforts d'une royale main. —

(1) Citation textuelle empruntée au discours de M. de Rémusat. (Voir son rapport à la chambre des députés, du 12 mai 1840.)

Il reverrait cet Institut qu'il savait comprendre..... cet hôtel des Monnaies où il jetait les trésors de la conquête, pour les y marquer de son nom..... il ne vous a pas oubliés..... vous..... refuges saints du malheur et de la souffrance..... vous qu'il aimait, qu'il secourait en père..... Et à vous, là haut, sur la montagne sacrée (1), il vous tend la main, enfants si purs, qui lui donniez le plus pur de votre sang.....

Là, plus près, se grandissant pour le mieux voir, sur un affût de Marengo, sa statue lui viendrait sourire..... Ici, dans ce palais où s'agitent les intérêts des nations, il tomberait de sa main glacée sur la main criminelle prête à signer des traités

(1) On reconnaîtra sans peine à ce trait l'école polytechnique, qui jamais ne démentit son beau caractère. — Depuis longtemps on a appelé *Montagne sacrée* cette hauteur qui, dans Paris, constitue le quartier latin, où est située l'école polytechnique.

honteux..... A l'Orient, lui apparaîtrait cet autel immense, où sa gloire dort immobile avec l'Europe enchaînée.....

A vous, représentants de la nation.....

Il les éclairerait d'inspirations sublimes, ces nobles poitrines éclatant pour la défendre, comme aussi, il vous aurait rappelés à la pudeur, vous qui un instant auriez oublié qui vous êtes.....

Et vous, vous, tout là bas, débris sacrés, soldats de la patrie, vous qui passez si noblement du champ de l'honneur au champ du repos.....

Enfants de la France............... glorieux **INVALIDES**,.....

Il veille sur vous du haut de son

**IMMORTALITE !!!**

Entendez-vous ces cris, prince : c'est la FRANCE,

elle vous crie de partir,..... vous,..... immortel aussi de ce contact avec *son* IMMORTALITÉ..... Partez....., faut-il que la geôlière (1) soit devant la prison pour y ouvrir au prisonnier, avant que pour l'y accueillir..... le libérateur?..... Mais, hâtez-vous, enfant éprouvé des mers,..... à nous chaque minute est un siècle....; elle est mortelle à ces vieux soldats....., avec chaque larme qui tombe..... les voyez-vous qui pleurent..... Ah! ne tardez plus....., ils ne peuvent plus attendre....., et si vous tardiez trop..... eux aussi..... l'iraient rejoindre..... non là BAS..... mais LA HAUT.....

Allez....., et comme ce soldat au tombeau de Charlemagne (2), aiguisez au rocher de Sainte-

(1) Allusion à l'Angleterre, qui a déjà fait partir l'ordre au gouverneur de Sainte-Hélène, de relâcher la cendre de Napoléon.

(2) On sait l'histoire de ce brave soldat de Charlemagne, qui, après la mort de son maître, allait chaque jour tou-

Hélène le fer saintement tremblant de votre épée.....

Et toi! navire....., le vois-tu s'agiter ce DRAPEAU TRICOLORE....., impatient du maître qui le porta si haut..... Va....., la France est avec toi....., vole....., remplis dignement ta mission....., reviens..... Et si l'Océan était rebelle, je te crierais..... exhumant un grand souvenir par un plus grand.... Que crains-tu? tu portes **CESAR** (1)!

cher de son épée la pierre de sa tombe, croyant dans sa sublime erreur que ce contact lui aurait communiqué quelque chose du génie de l'illustre mort.

(1) Chacun connaît le fameux mot de César criant à son nautonnier, qui redoutait d'être submergé par la tempête : Que crains-tu? tu portes César..... *Quid times, Cœsarem vehis....,* (*Notes de l'auteur.*)

www.ingramcontent.com/pod-product-compliance
Ingram Content Group UK Ltd.
Pitfield, Milton Keynes, MK11 3LW, UK
UKHW032021260826
14628UKWH00006B/2637